Mon cher confrère,

Voulez-vous me permettre de faire un appel nouveau à votre savoir et votre obligeance égale et inépuisable ?

J'ai accepté, un peu légèrement peut-être, la tâche délicate d'écrire quelquepeu sur l'histoire du tissage ... le passais.

Je ne trouve rien d'... ... sur leçon industrie... le 18e S. Je vais cepen-

dont convaincu qu'elle
est beaucoup plus ancienne
dans ce pays?

Pourriez vous m'indi-
quer quelques documents im-
primés ou manuscrits, de
date ancienne, se rapportant
à mon sujet?

Une courte analyse
me suffirait.

Je vous serais bien
reconnaissant de faire à cet
égard quelques recherches
dans vos souvenirs et de
vos notes qui vous permet-
tent d'excellentes choses...

Recevez, Je vous prie,
Monsieur Conservateur, l'assurance

bienveillance de tous mes senti-
ments les plus distingués,
les plus reconnaissants et
les plus affectueux

L. de La Sicotière

28 Juin.

Je prends la liberté de
vous adresser un exemplaire
de la deuxième édition augmentée
que je viens de donner
à 30 exemplaires tirés à
part, du plus rare des
opuscules concernant
l'histoire d'Alençon.

ANTIQUAIRE

DE LA VILLE D'ALENÇON

OU

FACTUM HISTORIQUE

POUR L'ÉGLISE DE S^t - LÉONARD D'ALENÇON

PAR

LORPHELIN CHANFAILLY

—

M V C LXXXV

—

RÉIMPRESSION PUBLIÉE ET ANNOTÉE

PAR

L. de LA SICOTIÈRE

—

1868

NOTICE
BIOGRAPHIQUE & BIBLIOGRAPHIQUE

—

Le petit ouvrage que nous réimprimons est le plus ancien de ceux qui ont trait à l'histoire d'Alençon. Ecrit au point de vue d'une question particulière, celle des droits respectifs de l'Eglise paroissiale Notre-Dame et de l'Eglise succursale Saint-Léonard, il fournit en passant pour l'histoire de la Ville entière quelques renseignements utiles et qu'on chercherait vainement ailleurs. Il est d'ailleurs extrêmement rare (1), pour ne pas dire tout à fait introuvable. Ces raisons nous ont paru suffisantes pour en donner une nouvelle édition.

Voici à qu'elle occasion il fut composé.

Il avait toujours existé une certaine rivalité entre les deux Eglises d'Alençon, Notre-Dame et Saint-Léonard. Toutes deux sont fort anciennes. Il semble que, dans l'origine, elles étaient indépendantes l'une de l'autre. Geoffroi de Mayet, évêque de Seès, unit les deux cures en 1243, et décida qu'elles ne seraient plus gouvernées que par un seul vicaire perpétuel. Le Prieur de l'Abbaye de Lonlai qui possédait les Eglises d'Alençon, et le Cha-

---

(1) Un autre ouvrage non moins rare, quoique bien postérieur en date, est le *Discours préliminaire sur l'Histoire d'Alençon, des comtes du Perche, ses premiers seigneurs, etc.*, par M. l'abbé de Malartville, Alençon, Malassis le jeune, MDCCLIV, 59 p. in-12. J'en possède un précieux exemplaire, entièrement annoté de la main d'Odolant Desnos, le savant historien.

pitre confirmèrent cette ordonnance (1). Mais Saint-Léonard n'en garda pas moins ses prétentions à l'indépendance paroissiale et défendit avec ardeur les usages, les prérogatives qui les rappelaient. L'ouvrage que nous rééditons en offre la trace à chaque page.

Un procès s'était même engagé en 1649 devant le Parlement de Rouen, à raison de la nomination par le Curé de Notre-Dame d'un vicaire de son choix, et de la nomination par l'Evéché d'un autre vicaire, et ce dernier l'avait emporté. (2) Le droit de révocation paraissait aussi réservé au profit de l'Evêque seul. En même temps, Saint-Léonard n'avait pas de Messe haute ni de Vêpres les jours de fêtes, et il fallut de grandes instances pour y régulariser le service divin (3).

Il n'est nullement certain, quoiqu'en dise Lorphelin, que Saint-Léonard eût eu des fonts baptismaux. Ses archives ne renferment point de registres de baptême. Mais il paraît qu'on y faisait la bénédiction et la distribution de l'eau à Pâques et à la Pentecôte, sans toutefois employer les saintes Huiles. Chénart, curé de Notre-Dame, voulut s'y opposer, et la veille de la Pentecôte 1684, il envoya Gougeon, prêtre sacriste de Notre-Dame, à Saint-Léonard; celui-ci enleva le Cierge Pascal et l'emporta (4).

---

(1) *Gallia Christiana*, T. xi, col. 694; — Béland, *Inventaire des titres, papiers et enseignements concernant la cure d'Alençon*, Mss. dans la Bibliothèque publique d'Alençon, p. 1 et 7; — O. Desnos, *Mémoires historiques sur Alençon et ses seigneurs*, 2e édit., t. 1, p. 104.

(2) Béland, p 8.

(3) *Ibid.* p. 122.

(4) La bénédiction du Cierge Pascal qui se faisait autrefois dans la plupart des diocèses, la veille de la Pentecôte, et qui était rationnelle

Le scandale fut grand dans l'église et dans tout le district
Saint-Léonard, déjà fort mal disposé pour le Curé (1).

Celui-ci, qui craignait que Saint-Léonard n'obtînt
d'être érigé en paroisse, avait, en effet, pris prétexte de
l'érection de la nouvelle succursale de Courteilles, pour
réduire notablement le district de Saint-Léonard qui avait
toujours été séparé de la paroisse de Notre-Dame par la
rivière de Briante. Il y substitua comme ligne de partage
le ruisseau de la rue de Sarthe jusqu'au Château qui
passa ainsi dans le district de Notre-Dame (2). Il y eut appel

l'office de ce jour étant en tout semblable à celui du Samedi-Saint, a
été maintenue par le rituel romain. (Abbé PASCAL, *Origines et raison de
la liturgie catholique*, V° *Pentecôte*).

(1) Chénart, un des fondateurs et des directeurs du séminaire de Saint-
Sulpice, fut nommé en 1680 curé d'Alençon. Prêtre zélé et éclairé, il
a laissé plusieurs ouvrages de théologie et de morale qui furent juste-
ment estimés de son temps, et dont quelques uns, notamment les
*Méditations sur les principales obligations de la vie chrétienne et de la vie
religieuse*, ont été plusieurs fois réimprimés. Il possédait toute la con-
fiance de M⁽ᵐᵉ⁾ de Guise, duchesse d'Alençon, qui l'aidait en toute
circonstance de ses aumônes et de son crédit. Elle lui faisait une pen-
sion de 600 livres, et lui avait donné pour logement les vastes bâti-
ments où s'établit depuis l'Union chrétienne (aujourd'hui la Caserne de
gendarmerie). Il était même directeur de la Princesse, mais elle le
quitta parcequ'il avait compromis son nom et son autorité dans quelques affaires et particulièrement dans ses difficultés avec l'Evêque de
Seés, Savary, qui goûtait peu le curé Chénart et qui eût été assez
disposé à ériger Saint-Léonard en église indépendante.

Chénart mourut à Alençon le 16 juin 1694, estimé de ceux mêmes
qui l'avaient combattu. Il n'avait que quarante-huit ans (O. DESNOS,
Mémoires historiques, 2ᵉ édition, p. 155; — *Notice* en tête de la réimpression de ses *Méditations*, Paris, Adrien Leclère, 1847, 2 vol. in 12;
— BÉLARD, *Inventaire*, Mss.)

(2) *Ibid.* p. 125.

comme d'abus par les habitants de Saint Léonard, mais ce ne fut qu'après la mort de Mme de Guise qu'ils osèrent presser la solution de l'affaire. Un arrêt du Parlement de Rouen intervint en mai 1700, qui rétablit l'ancienne distribution des districts. Aujourd'hui ce sont les ruisseaux de la rue de Sarthe et de la Grande-Rue qui partagent les deux paroisses d'un côté, et ceux des rues aux Cieux, des Filles-Notre-Dame et de Bretagne, de l'autre, aussi bien que les deux cantons d'Alençon.

C'est à la suite de ces entreprises et au milieu de l'émotion qu'elles avaient causée, que parut l'*Antiquaire de la ville d'Alençon* (1) *ou factum historique pour l'Eglise de Saint-Léonard d'Alençon*, in 16 de 56 p.

L'ouvrage décelait une main peu exercée. Les preuves entassées, sans critique ni méthode, pour établir l'ancienneté et l'indépendance de l'Eglise Saint-Léonard, sont des plus hasardées. Les documents que l'auteur y a joints, sans les distinguer suffisamment de son propre texte, et dont le plus important est le récit emprunté aux annales de l'Ave-Maria ou des Saintes-Claire, des dégâts commis par les protestants dans ce monastère, ne se rattachent que fort indirectement au sujet principal. Le style en est très-incorrect; les noms et les dates

---

(1) Et non pas *Antiquités de la ville d'Alençon* comme on a l'habitude de l'écrire.

Ce mot *Antiquaire*, pour Recueil d'antiquités, ne se trouve dans aucun dictionnaire, pas même dans celui de M. Littré, et cependant il était usité jadis dans ce dernier sens. C'était la traduction littérale du latin *Antiquarium*, dépôt d'antiquités, d'où est venu le nom d'Antiquaire appliqué à ceux qui gardaient ces sortes de dépôts. C'est une formation analogue à celles des mots Vestiaire, Reliquaire, etc.

sont tronqués. En revanche, le Curé de Notre-Dame y était attaqué sans aucun ménagement; on y déclarait assez crûment que « la population ne le voyait plus qu'avec « chagrin, mépris et indignation. »

L'auteur était un prêtre qu'Odolant Desnos, appelle N. Lorphelin dit Chanfailly, tout en le plaçant dans sa biographie des hommes célèbres d'Alençou, au mot CHANFAILLY (1). Il ajoute qu'il était clerc tonsuré, attaché à l'Eglise Saint-Léonard, et qu'il serait mort au commencement du xviiie siècle. Le curé Bélard, dans son *Inventaire* Mss. déjà cité, le nomme seulement L'Orphelin.

Il existait à Alençon, au xviie siècle, plusieurs familles Lorphelin et Chamfailly, ce qui, joint à l'absence de tables pour les registres de décès des paroisses d'Alençon avant 1750, et à l'irrégularité de ces actes dans les années antérieures, rendait mes recherches généalogiques assez difficiles.

Je tiens cependant pour à peu près certain que Pierre Lorphelin, diacre, mort âgé de soixante-sept ans ou environ, et inhumé dans le cimetière de Saint-Léonard le 10 septembre 1694, doit être le personnage qualifié de clerc tonsuré par O. Desnos et l'auteur de l'*Antiquaire d'Alençon*. De 1685 à 1694, il avait pu être élevé de la cléricature au diaconat. O. Desnos se serait seulement trompé de quelques années, en indiquant qu'il était mort au commencement du xviiie siècle.

Les registres de l'Eglise Notre-Dame, la seule où l'on baptisât, ne nous donnent pas son acte de baptême; mais ils ne remontent qu'à 1625, et il est très-possible que

(1) 1re Edit. T. ii, p. 522.

Pierre Lorphelin, dont l'acte de décès n'indique l'âge
que d'une manière approximative, fût né avant cette
année.

Il est probable qu'il était né dans le district de l'église
Saint-Léonard, à laquelle il fut attaché, dans le cimetière de laquelle il fut inhumé et dont il défendit les
prérogatives avec un zèle ardent et peut être excessif.

Resterait à expliquer les initiales qui désignent l'auteur de l'*Antiquaire* sur le titre du livre, F. G. T. C. Les
deux dernières lettres peuvent signifier : Tonsuré, Clerc.
Je ne puis deviner le sens des deux autres.

J'ai dit que ce livre était très-rare. Je n'en connais en
effet que deux exemplaires (1) ; encore sont ils incom-
plets. L'un se trouve aux mains de M. le docteur Chevallier, directeur de l'Etablissement hydro-thérapique et
des eaux minérales de Saint-Denis-lès-Blois ; il y manque
le frontispice et les premières pages. Le second fait partie de ma bibliothèque, et j'en dois la possession à l'o-
bligeance de M. l'abbé Hurel, curé de Saint-Léonard. Il
y manque le frontispice et les deux dernières pages.
Mais, dans mon exemplaire comme dans celui de M. Chevallier, les pages manquantes et le titre ont été refaits à
la main. Toutes mes recherches depuis trente ans n'ont
pu me faire rencontrer un exemplaire complet de l'*Anti-*

(1) Un troisième exemplaire, annoté par le savant O. Desnos, faisait
partie de sa bibliothèque, devenue celle du docteur Marcel Libert, son
arrière-petit-fils. Il figure sur le catalogue de cette bibliothèque dressé
par M. Libert père, en 1827. Mais M. le docteur Libert l'a inutile-
ment recherché, et nous avons eu le regret de ne pouvoir examiner ce
précieux exemplaire.

guaire. La Bibliothèque publique d'Alençon ne le possède pas. Il n'était pas dans la bibliothèque de M. La Verrerie, assez riche en ouvrages sur le pays, qui fut vendue il y a environ vingt-cinq ans. Louis du Bois, le zélé bibliophile, qui habita Alençon pendant une douzaine d'années, ne l'avait jamais vu. Il n'était pas dans sa curieuse collection de livres normands, et une note bibliographique en tête de la *Description topographique et statistique du département de l'Orne* par Peuchet et Chanlaire (1), note rédigée sur des renseignements fournis par Louis du Bois, constate que les auteurs n'avaient pu se procurer l'ouvrage de Chanfailly.

On peut admettre que la violence excessive des passages où le curé Chénart était signalé au mépris et à l'indignation des habitants d'Alençon, aura engagé l'auteur lui-même à retirer ce petit ouvrage de la circulation. Ce qui pourrait autoriser cette supposition, c'est le nombre des copies manuscrites qui en furent faites. J'en possède deux pour mon compte. Il a dû s'en faire bien d'autres, et on pourrait en conclure que ce *livret*, comme l'appelle Bélard, eut un succès de scandale et une publicité en quelque sorte clandestine.

Le père Lelong ou plutôt ses continuateurs (*Bibliothèque historique de la France*, 1768-1778, n° 35,308), mentionne l'ouvrage de Lorphelin, d'après une note d'Odolant Desnos, dans les termes suivants :

« L'auteur de ce petit ouvrage a hasardé beaucoup de
« faits, et prétendu prouver que l'Eglise de Saint-Léonard
« d'Alençon était anciennement paroisse. Ses preuves ne

(1) 1810, in-4°; n° 45 de la collection.

« sont rien moins que solides. On trouve ensuite (1) un
« extrait du Chartrier du monastère de Sainte-Claire
« d'Alençon. L'auteur avertit qu'il n'a point voulu changer
« la façon de parler du temps où l'ouvrage a été composé ;
« cependant je l'ai vérifié sur l'original et j'ai trouvé la
« plus grande partie des noms défigurés dans l'imprimé.
« C'est une description des maux que les religieuses dé
« cette maison eurent à souffrir des calvinistes, en 1662
« et non en 1660, comme le dit l'imprimé p. 32. »

Louis du Bois, dans la *Biographie universelle* de
Michaud, *Supplément*, article *Chamfailly*, et dans
la nomenclature alphabétique des auteurs et des artistes
Normands qui termine son *Itinéraire descriptif, historique
et monumental de la Normandie* (2) ; O. Desnos, le petitfils
de l'auteur des *Mémoires*, dans sa *Description du département de l'Orne*, faisant partie de la collection publiée
par Loriol sous le titre de *La France* (3) ; l'abbé Gautier,
Histoire d'Alençon (4), mentionnent Orphelin Chanfailly
d'après les indications d'Odolant Desnos ; le dernier cite
quelques passages de l'*Antiquaire*. M. Frère, dans son
Manuel du Bibliographe Normand, v° CHANFAILLY re-
produit l'article du père Lelong. Quant à M. Galeron qui
avait publié dans la *Revue Normande* une *Note sur les
principaux livres ou manuscrits qui concernent l'histoire*

(1) C'est une erreur. L'extrait est intercalé dans le cours de l'ouvrage.

(2) Caen, 1828, in-8°

(3) Paris, 1854, in-8°.

(4) Alençon, 1806, in-8°, p. 187.

du département de l'Orne (1), il a omis de mentionner
l'*Antiquaire*. L'auteur de la *Biographie Normande* (2),
M. Lebreton, a commis une assez singulière méprise en
parlant de Lorphelin : voici ce qu'il en dit « Chanfailly
« surnommé Lorphelin d'Alençon, prêtre, né en cette
« ville dans le xvıı° siècle, auteur des *Antiquités d'Alen-*
« *çon.* » Lorphélin était le nom et non pas le surnom de
Chanfailly, et jamais personne ne songea à l'appeler
L'*rphelin d'Alençon.*

En réimprimant l'*Antiquaire*, nous avons scrupuleuse-
ment respecté le texte primitif. Nous nous sommes bor-
né à y ajouter quelques notes historiques et critiques.
Il eût été facile de les multiplier.

L. D. L. S.

(1) Tirée à part, 16 p. in-8°.
(2) Rouen, 5 vol. in-8°.

SUR la fin de l'onziéme Siecle fut construit dans la ville d'Alençon, Diocese de Séez, un Monastere Prioral, sous le Titre de l'Assomption de Ñôtre-Dame, et en icelui Monastere, furent mis Moines de l'ordre de Saint Benoist, tirez de l'abbaye de Lonlay proche Domfront (1), duquel Monastere, Messieurs de la maison d'Aché et de Larré prés Alençon, ont esté les Bienfaicteurs, sous condition de quelqué redevance fort modique (2), et dont ladite maison d'Aché perçoit encore apresent le tribut, et faisoient pour lors lesdicts Moines les fonctions de Curé (3). Mais comme cette charge estoit onereuse audits Moines à raïson de la grande regularité qu'ils observoient.

Furent édifiez deux Oratoires dans les deux extremités de ladite ville d'Alençon, l'un sous l'invocation de Saint Martin et l'autre sous l'invocation de Saint Gille (4). Et furent lesdits deux Oratoires partagez par detroits, dont la Riviere de Briante fait la separation, et dans iceux Oratoires furent établis Vicaires perpetuels, avec Fons-Baptismaux Pour la commodité du peuple.

Et subsista cet Etablissement jusque vers la fin du quatorziéme Siecle (5), que les susdits Moines se retirerent dans l'Abbaye de Lonlay et quelque temps aprés la retraite des susdits Moines, fut démolie la vieille Nef de l'Eglise priorale de Nôtre-Dame d'Alençon, et en consequent fut bâtie et construite une nouvelle Nef d'icelle Eglise, par les Bourgeois et Habitants. dudit Alençon, plus grande et plus somptueuse que n'estoit la premiere, avec cet admirable Portail et Frontispice, tel qu'on le voit apresent.

Et pour lors furent, transférez les Fons-Baptismaux du susd. Oratoire de Saint Gille, dans ladite Eglise de Nôtre-Dame d'Alençon, et y fut étably le Service divin paroissial, avec le Vicaire perpétuel qui servoit cy-devant dans l'Oratoire de Saint Gille.

Duquel Vicaire ou Cure de Nôtre-Dme d'Alençon s'est réservé la Nomination l'Abbé de Lonlay, lequel Vicaire perpetuel ou Curé de Nôtre-Dame d'Alençon, n'avoit pour lors aucun droit sur le Vicariat perpetuel de Saint-Martin (6), apresent dit Saint-Leonard, ainsi nommé pour les raisons qui seront cy-aprés deduites.

Lequel Oratoire de Saint Martin subsistoit pour lors avec son Vicaire perpetuel et Service paroissial indépendamment, sinon du susdit Prieuré de Nôtre-Dame d'Alençon.

Environ le temps que le susdit Monastere ou Prieuré de Nôtre-Dame d'Alençon fut secularisé (7), René Duc d'Alençon, et Madame Marguerite de Loraine son Epouse, meutz de devotion envers Saint Leonard, à raison des grands miracles que Dieu operoit souvent par l'intercession de ce grand Saint, commencerent de jetter les fondemens, pour bâtir une Eglise sous l'invocation dudit Saint Leonard (8), et furent lesdits fondemens liez et attachez contiguement à l'ancien Oratoire de Saint Martin.

En consequence de quoy, furent éleves les pilliers ou colomnes avec leur Arches, comme il se voit apresent à la reserve de la voûte dudit Edifice de Saint Leonard, qui ne fut point commencée, et demeura la..ite Eglise de Saint Leonard imparfaitte à raison du malheur des temps, et particulierement de la mort du susdit René Duc d'Alençon.

Il est particulierement à remarquer que les détroits de Saint Gille et Saint Martin furent partagez et reglez également, et qu'aprés la demolition de l'Oratoire de Saint Gilles les Ducs d'Alençon, prirent l'Oratoire de Saint Martin dit apresent Saint Leonard, avec son détroit en leur protection. particulière.

Et voulurent même que leur Château en fut une dépendance, et ces Princes ont toûjours consideré l'Eglise de Saint Leonard comme le lieu principal de leurs devotions, et ont aussi toûjours conservé et maintenu les Droits, Privileges et Seruice paroissial de la susdite Eglise de Saint Leonard, et particulierement Madame Marguerite de Loraine.

Et pour preuve de cette verité, c'est qu'il faut remarquer que la susdite dame Marguerite de Loraine, fist bâtir une Chappelle sous le titre de Saint Loüis, proche le Chœur de ladite Eglise de Saint Leonard, du côté de l'Aquilon, dans laquelle Chapelle on remarque les Armes et Ecussons des Ducs d'Alençon, conjointement avec les Armes de Loraine, tant au Vitrail d'icelle Chappelle, qu'aux Voûtes et Murrailles où elles sont apposées et gravées. Comme aussi une cheminée qui se remarque dans la Muraille à cause du froid, lorsque cette fervente princesse se rendoit à l'Eglise de Saint-Leonard, sa Paroisse, pendant toute l'année de grand matin les Dimanches et les Fêtes, pour assister aux Matines, puis aprés à la grande Messe paroissiale, comme aux Vêpres, ce qu'elle ne manquoit point si elle n'estoit fort incommodée (9).

Aprés avoir vû la Devotion et la grande affection que Madame Marguerite de Loraine Duchesse d'Alençon, a euë pour l'Eglise de Saint Leonard d'Alençon sa Paroisse.

Il faut aussi considérer la charité et la liberalité dont elle a usé envers cette Eglise.

Car elle donna d'abord tous les Ornements marquez des cinq couleurs dont l'Eglise catholique se sert pendant l'année, dans les Ceremonies, comme Chasubles, Tuniques, Dalmatiques, Chappes, Paremens pour l'Autel, Aubes, Calices, Livres, Encensoirs, Croix et même une Banniere, pour servir aux processions, et toutes les autres choses necessaires pour les Ceremonies de l'Eglise.

Et à l'égard de la Procession, cette Sainte Princesse faisoit gloire d'y assister tous les Dimanches et les Fêtes, comme la première paroissienne, non seulement pour donner par cette action chrétienne l'exemple au peuple, mais aussi pour s'acquitter envers Dieu de ce devoir chrétien, parce qu'elle sçavoit bien que dans cette Ceremonie où tous les Fidèles doivent paroistre avant la Messe paroissiale, l'on y fait une profession publique de la Foy, avec protestation de donner sa vie et son sang pour Jesus-Christ et le maintien de son Eglise, s'il en estoit besoin.

Il est à remarquer que si l'Eglise de St Leonard

d'Alençon ne porte plus au jourd'huy la Bannière en Procession, ce n'est pas qu'elle soit déchuë de ses anciens Privileges, ou quelle ait perdu le droit de la porter, parce qu'on ne lui a jamais contesté. mais que ç'a esté plûtôt la negligence des Marguilliers et des Procureurs de Fabrique de cette Eglise qui n'en ont pas eu le soin par le passé, notamment depuis les troubles de l'Hérésie, de la retablir dans cette Eglise, les anciennes ayant esté dérobées par les Heretiques, lors qu'ils volerent l'Eglise de Saint Leonard.

Et c'est une verité si constante, qu'il y avoit autrefois une Banniere dans l'Eglise de Saint Leonard d'Alençon, qu'il ne faut pour preuve que lire les memoires du Chartrier de cette Eglise pour en estre convaincu.

Je me suis un peu etendu sur le sujet de la Banniere, l'ayant crû à propos, car quoique le droit de porter une Banniere dans les Processions, ne soit pas une preuve suffisante, pour marque de l'Etablissement d'une. Paroisse, neantmoins c'est une forte preuve que les Vicaires de l'Eglise de Saint Leonard d'Alençon, ont esté autrefois independants sinon du Sieur Evêque diocésain, le Service divin paroissial ayant toujours esté fait et celebré dans cette Eglise sans contestation.

Je quitte le sujet de la Banniere pour considerer de rechef la profusion des liberalitez de la pieuse Princesse Madame Marguerite de Loraine, pour l'Eglise de Saint Leonard d'Alençon, car ne s'etant pas contentée d'avoir fait les presens cy dessus marquez, elle n'épargna pas même son propre Manteau Ducal. Car la tradition de nos Anciens, nous asseure que quoique cet admirable Man-

teau fust son habit de Nopces, elle en fist un present à
Eglise de Saint Leonard, pour en faire une Chappe, où
estoit attaché une Agraffe d'un très-grand prix, qui servoit à la clore sur le devant. Et ce même Manteau n'est
autre chose, que cette grande et ample Chappe en broderie à fons-d'or, dont les Vicaires de l'Eglise de Saint
Leonard se servoient, et dont ils se servent encore à
present dans les Ceremonies de l'Eglise, aux quatre
Fêtes principales de l'année, et c'est ce que nous voions
de reste de l'antiquité dans l'Eglise de Saint Leonard
d'Alençon, avec une vieille Chasuble et deux Dalmatiques, le tout de Velours noir, portant les Armoiries
d'Alençon. Lesquels ornemens échaperent la fureur des
Hérétiques, parce que quelques personnes catholiques
les cacherent avant le pillage.

Ce pendant, quoy que cette belle Chappe cy dessus ne
soit pas tombée entre les mains sacrileges des Heretiques, elle n'a pourtant pû échapper l'avarice et la ma-
lice des Libertins catholiques, car si cette précieuse
Chappe n'avoit pas esté ruinée par le bas et volée de son
Agraffe, qui servoit pour clore le devant, nous la verions
encore de nos jours, dans sa plénitude et dans sa majes-
tueuse grandeur qu'elle avait en sa premiere beauté (10).

Je ne raporte point en détail le nombre des Chasses et
des Reliquaires d'Argent-doré, dont cette Bien heureuse
Princesse avoit fait present à son Eglise de Saint Leonard garnis de précieuses Reliques parce que toutes ces
choses sont contenuës dans l'Inventaire (11) qui est gardé
dans le Chartrier d'icelle Eglise, et c'est le seul memo-
rial qui est resté et lequel contient une infinité d'autres

biens dont l'Eglise de Saint Leonard d'Alençon estoit enrichie, avant le malheur de l'Heresie.

Je passe soûsilence un grand nombre d'autres bien-
faits, dont cette liberale Sainte avoit enrichi son Eglise
de Saint Leonard d'Alençon , de crainte d'exceder en
longueur ce petit Recueil.

Enfin pour finir, je diré que si la Bien-heureuse Madame Marguerite de Loraine, Duchesse d'Alençon, ne fut
pas sortie de la susdite ville d'Alençon, pour s'en aller à
la ville d'Argentan, pour fonder un Monastere de Religieuses de Saint-François, et pour y demeurer le reste
de ses jours en qualité de Religieuse, elle n'avroit jamais
quitté le cher sejour de ses devotions, son Eglise de
Saint Leonard, et cette Eglise auroit le bonheur de pos-
séder jusqu'apresent le precieux depost de ce Saint
Corps, lequel nous aurions le bonheur d'honorer dans
nos jours, mais il faut se consoler et adorer la divine
Providance , laquelle dispose toutes choses pour sa
gloire (12).

Quelques uns des Domestiques de Madame Marguerite
de Loraine, voulurent marquer l'affection qu'ils avoient
pour l'Eglise de Saint Leonard d'Alençon, et à l'exemple
de cette pieuse Princesse, donnerent des presens et particulierement Messire Bertran de Marcilly Prêtre, Curé
de Saint Germain, et Aumônier de Monseigneur le Duc
d'Alençon, lequel fist present d'une Chasuble de Velours
rouge-cramoisy, il donna aussi deux Paremens de Soye
de couleur tannée, pour le grand Autel, comme aussi un
autre Parement pour le même Autel , de Satin-rouge
rayé.

Un autre Domestique donna au Tresor et Fabrique de la susdite Eglise de Saint Leonard, une piece de Velours-noir, pour faire des Ornemens. Toutes lesquelles choses sont marquées expressement sur les memoires du Chartrier d'icelle Eglise.

Quelques autres Domestiques ne firent present que de leurs cendres, demandant que leurs corps après la mort, fussêt inhumés dans l'Eglise ou dans le Cimetiere de Saint Leonard, pour marque de la devotion qu'ils avoient pour ce St Lieu, et particulierement le Grand Aumônier de Madame Marguerite de Loraine, qui demanda d'estre inhumé dans l'Oratoire ancien de Saint Martin, sur le tombeau duquel fut gravé cette Inscription où Epitaphe.

Cy gist Maître Gabriel Millon, en son vivant Prêtre, Curé de St Germain le vieil, et Aumônier de Madame, lequel trépassa le seiziéme jour de Septembre, mil cinq cens quatre.

Prions Dieu pour lui.

Ce même Tombeau a esté transporté par respec, depuis quelques années dans le Chœur de l'Eglise de Saint Leonard, devant le grand Autel (13).

SVIT une preuve autentique que le Service divin paroissial a été celebré de temps immemorial, les jours des Fêtes, comme les iours de Dimanches dans l'Eglise de saint Leonard d'Alençon, et s'il est arrivé que le Service divin ait cessé d'estre celebré aux Fêtes pendant quelque temps, ce n'a esté que pendant le temps des troubles de l'Heresie et aprés, iusqu'au temps du vivant de feu Messire Julien Pâquer, dit le Grand Curé (14) de Nôtre-Dame d'Alençon, lequel empeschoit que ledit Service divin paroissial ne fust retabli aux Fêtes, ce qui causa un Scandale dans la Ville parmy le peuple, et ce qui obligea les Sieurs Confreres de la Confrairie de Toussaints (15) de presenter une Requeste au sieur Evêque diocesain pour le retablissement du susdit Service divin aux iours de Fêtes dans l'Eglise de St Leonard d'Alençon.

Et il est si veritable que le Service divin solemnel et paroissial a toujours eté celebré aux jours de Fêtes de toute antiquité dans l'Eglise de Saint Leonard d'Alençon, que l'on y touchoit les Orgues, ainsi qu'il est marqué dans les anciens Titres d'icelle Eglise, en ces termes.

L'an mil quatre cens quatre-vint-neuf, payé à Jean le Richehome Clerc pour ses gages d'avoir joüé des Orgues et pour avoir assisté au Service divin la somme de dix deniers, à raison de six livres par an.

AVTRE ARTICLE

A Maître Gatian, Organiste en icelle Eglise de St. Leonard, payé pour ses gages à luy ordonnés la somme de six livres tournois par an, pour iouer des Orgues de ladite Eglise, chaque iour des Dimanches et des Fêtes de l'année. Payé par Quittance l'an mil cinq cens cinquante-sept.

Et à l'égard de ce qu'il n'y a plus de Fons Baptismaux au iourd'huy dans l'Eglise de saint Leonard d'Alençon, il n'y a pas longtemps qu'ils furent demolis et ruinez

par les mains sacrileges des Heretiques Huguenotz, lesquels romperent et volerent aussi les anciens Orgues, et
ce fut en l'an mil cinq cens soixante (16), que ces Voleurs
pillerent tous les biens de cette Eglise, et ne laisserent
que les murailles comme il sera dit ailleurs. Et il n'y a
pas si longtemps que nós Anciens ont assuré avoir vû les
restes de la demolition des susdits Fons-Baptismaux,
lesquels Fons estoiént placés proche la porte du petit
Cimetiere, où il y avoit pour lors un Autel construit au
méme lieu, sous l'invocation des saints Innocens, en la
place duquel est apresent une Contretable d'Autel posée
contre la muraille de la Chappelle de Saint Louis (17).

Il faut aussi considérer que la demolition des susdits
Fons-Baptismaux arriva aprés le decedz de Madame
Marguerite de Loraine, et il est si veritable qu'il y avoit
autrefois des Fons-Baptismaux dans l'Eglise de Saint
Leonard d'Alençon, comme il a esté dit cy dessus; que
pour preuve, cette même Eglise a toûjours retenu par
tradition son ancien privilege, que son Vicaire a droit
de benir l'eau Baptismale les deux Samedis de Pâques et
de la Pentecôte, non pour baptiser par immersion selon
l'ancienne coûtume de l'Eglise universelle, mais seulement pour la distribuer au peuple de son Detroit, pour
l'usage des necessités spirituelles dans leurs maisons. Et
laquelle coûtume de benir l'eau dans les iours susdits
n'a jamais esté contestée par aucun Curé de Nôtre-Dame
d'Alençon aux Vicaires perpetuels de saint Leonard dudit
Alençon, iusqu'a present (18).

S'VIT les Redevances du Prieuré de Nôtre-Dame d'Alençon, comme aussi du Tresor et Fabrique d'icelle Eglise de Nôtre-Dame, à l'Eglise de saint Leonard dudit Alençon. *Extrait du Chartrier d'icelle Eglise.*

Le Trésor de l'Eglise de Nôtre-Dame d'Alençon est obligé de bailler et de fournir le grand Cierge-Pascal avec autres Luminaires, pour servir à faire et celebrer le Service divin paroissial de ladite Eglise de st Leonard d'Alençon, lequel Cierge et Luminaire a esté fourni, et a esté employé à celebrer le Service paroissial.

Et à l'égard du Prieur de Nôtre-Dame, il est obligé de fournir un *nombre de paille de Froment* à ladite Eglise de st Leonard d'Alençon. *Voicy comment.*

L'Eglise de saint Leonard d'Alençon a droit de prendre par chacun an le nombre de quatre cent de paille de Froment, dans la Grange dimeresse dudit Alençon, pour les festes de Toussaints et de Noel, pour servir dans ladite Eglise de saint Leonard (19).

L'Eglise de saint Leonard de la ville d'Alençon, ayant ioui pendant un tres longtemps de tous ces grands biens, meubles et possessions, dont les Ducs et les Duchesses de la ville d'Alençon, l'avoient enrichie abondamment, et dont nous avons consideré les Inventaires.

Arriva enfin la mort des derniers Bienfaicteurs et Protecteurs d'icelle Eglise, René duc d'Alençon, et de Madame Marguerite de Loraine son Epouse. Et quelques années après leur decedz, survint le malheur de l'Heresie de Calvin dans la ville d'Alençon.

Et ce fut sur le milieu du seiziéme Siecle (20), que cette horrible persecution arriva dans la ville d'Alençon, et que les Habitans d'icelle, qui avoient toûjours esté fidèle et bons Catholiques, furent presque tous pervertis et infectez de la susdite Heresie.

Et ce fut lorsque Madame Marguerite de Valois (21) vint à Alençon en qualité de Doüairiere, de Charle dernier Duc du dit Alençon, laquelle avoit à sa suitte plusieurs de ses principaux Domestiques qui estoient imbus des erreurs de Calvin, de Luther et de Melancthon. Lequel Calvin s'estoit pour lors refugié dans la ville de Genève (22).

Enfin ce poison de l'Heresie Calvinienne passa si avant, qu'il penetra jusqu'au cœur de la plus grande partie des principaux Bourgeois de ladite ville d'Alençon, tant de Magistrats, qu'autres, et même de quelques Eccléslastiques qui apostasierent, à la reserve du Curé de Nôtre-Dame Messire Lucas Cajet, et du Vicaire de Saint Leonard Messire Robert Collet, et de quelques autres qui demeurerent fermes dans la Foy de l'Eglise.

Et il est à remarquer que ce malheur de l'Heresie de Calvin a esté la cause de la perte presque totale des Monuments les plus anciens et les plus considerables des Chartriers des Eglises et Monasteres de la ville d'Alençon, comme aussi de la plus grande partie des Titres et Enseignements des Notariats et des Greffes de ladite ville d'Alençon (23).

Car la croiance de ces erreurs de Calvin, mit ceux qui en estoient imbus dans un si grand dereglement de vie et de mœurs, qu'ils ne respiroient autre chose que les voleries et le carnage, et les Catholiques qui persevererent et qui demeurerent fermes dans la Foi de l'Eglise eurent

beaucoup à soûfrir et à se defendre de ces Heretiques,
et les mains sacrileges de ces Impies oserent bien atten-,
ter à tout ce qu'il y avoit de plus Saint et de plus Sacré.

Car ils volèrent et dépouillèrent les Eglises de tous
les biens et Ornemens sacrez, qui estoient pour lors
tres-précieux et nombreux, et dont l'Eglise de Saint
Leonard d'Alençon estoit pour-lors tres-riche, particulierement en Argenterie, Orfeverie et Broderie, ainsi
qu'il est marqué et spécifié dans les Inventaires qui en
furent dressez longtemps avant l'Heresie.

Mais enfin ces nouveaux Heretiques sans Foy, sans
Religion, ny crainte de Dieu, sçachant que l'Eglise de Saint
Leonard estoit abondâmment riche, s'assemblerent pour
déliberer entr'eux de quelle manière ils pouroient y entrer pour la piller, quoiqu'elle fut gardée par plusieurs
Catholiques qui la défendoient (24). Neantmoins se voiant
les plus forts, firent plusieurs violances, tant aux portes de
ladite Eglise, qu'aux fenestres d'icelle, qu'ils briserent et
rompirent, aprés quoy ceux qui estoient dedans ne purent empêcher que les portes ne fussent rompuës de violence. Aprés cette Irruption faite, entrerent de force
lesdits Heretiques, renverserent les Autels, briserent les
Images, pillerent les Orgues, démolirent les Fons-Baptismaux, enfoncerent les portes de la Sacristie, prirent
et emporterent toute l'Argenterie, comme Calices, Croix,
Chasses des saintes Reliques et une infinité d'Ornemens
precieux, ne laissant que les murailles, aprés le pillage
fait dans ladite Eglise de Saint Leonard d'Alençon.

Mais ce n'est pas tout, car aprés qu'ils eurent pris les
Titres et Enseignements des Fondations faites par les

Ducs d'Alençon, et par autres Fideles dans ladite Eglise de Saint Léonard, ils se saisirent des Terres et des Revenus appartenant à lad. Eglise et dont ils ont fait leur propre, et le si peu des Titres qui sont restés échaperent les mains de ces Impies comme par un miracle, de sorte ces gens qui n'avoient que tres-peu de chose de leur naissance devinrent riches en peu de temps, par le moien des voleries faites par eux dans les Eglises, et ce que leurs Decendans possedent encore apresent.

Ils se rendirent aussi ces Heretiques maîtres dans l'Hôpital d'Alençon, où ils firent un ravage tres considerable, se saisirent de la plus grande partie des Titres, et particulierement des Fondations des biens leguez audit Hôpital par les Fideles, prirent et enleverent tout ce qu'il y avoit de plus precieux, tant de l'Eglise du susdit Hopital que de la Maison, en consequence de quoi ils se saisirent des terres appartenantes à ladite Maison. Lequel Hôpital ayant esté ainsi dénué et apauvry, les pauvres d'Alençon en ont beaucoup souffert.

Ils s'emparerent aussi ces Heretiques des Grosses et des Notariats de la ville d'Alençon, comme il a esté remarqué ailleurs, et pillerent pareillement ces lieux, en sorte qu'il n'y resta aucuns Ecrits ny titres anciens, et partilierement ceux qui concernoient les Biens et les Revenus des Eglises, et ne laisserent aussi aucuns enseignemens des Antiquitez de la ville d'Alençon mais laisserent seulement dans ces lieux susdits quelques Ecrits, qu'ils jugerent ne pouvoir leur servir. Et il n'y a pas si long-temps que les Decendans de ces Heretiques susdits ont esté expulsez de ces lieux publics par une Declaration du Roy (25).

Il est aussi à considerer que ces Calvinistes, nommez à present Huguenotz, n'ayant peu voler aisement le Monastere des Religieuses de Sainte Claire d'Alençon, dit de l'Ave Maria, fondé par la pieté du Duc d'Alençon, et de Madame Marguerite de Loraine son Epouse, comme il a esté dit ailleurs, quoique ces susdits Huguenotz eussent fait de grandes violences audit Monastere, mais enfin emportez de fureur contre cette ste Maison, prirent resolution d'en venir à la derniere extremité, qui fut d'enfoncer les portes dudit Monastere, pour en expulser et chasser ces pauvres Filles consacrées à Dieu, lesquelles imploróient incessamment en gemissant le jour et la nuit la misericorde de Dieu pour la conversion de ces Impies.

Mais enfin la divine Providance le permettant ainsi, les susdits Huguenotz prirent loccasion de s'assembler un grand nombre de toutes conditions, aâge et sexe, et se rendirent un jour tous dans la cour dudit Monastere, pour executer leur dessein, et la chose arriva de la maniere qu'il est marqué dans la suitte de ce discours historique.

Extrait du Chartrier du Monastere de Sainte Claire d'Alencon, duquel discours je n'ai point voulu changer la façon de parler, du temps auquel il a esté composé (26).

EN l'an mil cinq cens soixante, les Religieuses du Monastere de Sainte Claire dit de l'Ave Maria, de la ville d'Alençon, furent mises hors par force et violance dudit Monastere par les Huguenotz de la ville d'Alençon, et estoit pour lors Capitaine au Château, Loüis de Pilois, sieur de Montigny, Lieutenant General Civil, Maître François Persausé, Lieutenant Criminel, Sainte Marthe, Evêque de Sées, Messire Pierre Duval, Abbaisse dudit Monastere, Sœur Loüise Aubert, et Pere Confesseur, Frère Robert Boussinet, lequel fut pris dans le Confessionnal et le voulurent faire un de leurs Ministres, Curé d'Alençon, Messire Lucas Caget et son Vicaire, Messire Nicolas Sevrin, Vicaire à Saint Leonard, Messire Robert Collet.

Furent les portes enfoncées desdites Religieuses, et rompües par un nommé Abraham le Soret Lavinete, lequel se noia au Siege de Roüen, en soixante-deux passant la Riuiere. Jean Soret, Boisgirard, Raoul-le-Tissier, Pierre Duperche, le-Murget, Beloutil, Jacques Bordin, Lécu, Pâquier, Soulas, David Gregoire, Guillaume Fouillard, Robert Caget, les Lauriers, Jean Quillet, la-Chappelle, Pierre Quillet, Forestier Concierge, Suzanne Gervaiseau femme de Pierre Bonvoust, un Valet de Madame de Goucy et Beruliere Matago (27). Lesquels Beruliere et Valet de Goucy, et Paquier Soulas, casserent la Cloche desdites Religieuses.

Avoient lesdits Huguenotz pour Ministre, un nommé Bidard et Poinçon, homme hideux et epouventable à voir, et estoit tout velu, lequel Poiçon épousa dans le Couvent desdites Religieuses la veuve du feu sieur de la Girondiere, et fut épousée par le susdit Bidart, lequel l'épousant se rioit et se moquoit, et allant lad. veuve Giroudiere épouser, disoit qu'elle avait épousé un Chevallier de l'Ordre et qu'elle alloit épouser un Chevallier de Jésus-Christ.

Lesdits Huguenotz avant que d'expulser lesdites Religieuses, alloient tous les jours et la nuit dans la cour desdites Religieuses les troubler pendant le Service divin avec grand bruit, et tiroient coups d'Arquebuses, lesquelles Religieuses, aprés le Service divin, faisoient fermer leurs portes et comme elles estoient forcées sonnoient la Cloche par forme de toxain (28).

Aprés plusieurs alarmes données ausdites Religieuses par les Huguenotz, et s'estre par longtemps defenduës, se jetterent un jour entr'autres lesdits Huguenotz dans la cour desdites Religieuses, feignans joüer à la Paume dans ladite cour, pendant qu'on estoit à l'Eglise au Service divin, et aprés le Service divin fini, mirent lesdits Huguenotz de hors ceux qui chantoient à l'Eglise, et fermerent les portes de ladite cour, et prirent tous les dessus nommez des Solives, avec le bout desquelles ils enfoncerent la grande porte dudit Monastere, mirent les panneaux dedans, aprés avoir fait éffort par ailleurs, ce qu'ils n'auoient pû.

La grande porte enfoncée, y entrerent sur le midi, aprés avoir monté par dessus le Parloir au Clocher, cassé la Cloche, laquelle les Religieuses sonnoient lors qu'elles estoient pressées par forme de toxain appellant à l'aide.

Fut ladite Cloche cassée par lesdits Pâquier Soulas. Beruliere et le Vallet de Goucy, lesdits Huguenotz entrez dans ledit Monastere, pillerent la Maison en telle sorte qu'il ne demeura rien ausdites Religieuses que les Habits qu'elles avoient sur elles, et furent lesdites Religieuses chassées et mises hors de force, et sur ce que l'une d'icelles, quelque violence qu'on lui eust faite ne voulut sortir fut jettée la fille de Maleffre aval les Degrez, et furent lesdites Religieuses traînées de force hors ledit Monastere.

Mises hors ledit Monastere se retirerent lesdites Religieuses au Val-noble, en la maison de Mine-le-Large veuve Ambroise Buhere, laquelle maison a esté au sieur d'Aché, de laquelle sortans pour se retirer en la maison d'Aché, passans par devant l'Eglise de Nôtre-Dame d'Alençon, plusieurs desdits Huguenotz sortans d'icelle Eglise revetus des Habits et des Manteaux des Cordeliers dudit Couvent, vinrent au devant desdites Religieuses pour les prendre par dessous les bras pour les conduire, lesquels les conduisans, se jetterent par terre lesdites Religieuses et ne voulurent cheminer, ce qui contraignit lesdits Huguenots de les quitter.

Lesdites Religieuses furent toujours conduittes jusqu'à la maison d'Aché prés Alençon (20), par plusieurs femmes de la Ville, parce que les hommes n'osoient se montrer, et leur furent baillez par lesdites femmes leurs Souliez parce que lesdites Religieuses seignoient des pieds, et ne pouvoient cheminer pour l'injure du temps.

Furent lesdites Religieuses dans la maison d'Aché l'espace de huit jours, les parens desquelles Religieuses aiant ouy nouvelle de leur expulsion les vinrent querir avec eux, et n'en demeura audit lieu d'Aché que quatre avec l'une d'icelles, qui estoit fille de ladite Maison.

Lesdites Religieuses ainsi expulsées de violence de leur Monastere, logerent lesdits Huguenots dedans icelui ledit Poinçon, épousa aud. lieu Abraham Lerouïller Isabel Fouillard.

Furent lesdites Religieuses par l'espace de six mois absentes de leur Monastere, et furent retablies par Ordonnance du Roi et Arrêst du Parlement, à la poursuitte qu'en fit le Pere Richard Venet, et furent Commissaires deputez, et ne se disoit pendant cedit temps à Alençon aucunes Messes sinon la nuit, et n'osoient se trouver les Prêtres pour les cruautez qui leur estoient faites par lesdits Huguenotz.

Pendant ce temps vinrent à Alençon plusieurs Gentils-hommes Huguenotz, comme Messieurs Davoines, Lamotte-Tibergeau (30), volloient les Eglises, pilloient et saccagoient tout, rançonnoient les Pretres et Curez, et où ils ne vouloient paier rançon leurs couppoient les Oreilles. Entr'autres avoit ledit Lamotte-Tibergeau une bandoliere d'Oreilles de Prêtres en écharpe.

Racheta la Damoiselle de Scey Marie de Molinet le Curé de Saint Paterne, et se revolterent et rendirent Huguenotz plusieurs Prêtres, ledit Sevrin Vicaire de Nôtre-Dame d'Alençon, Thomas Duperche Curé de Saint Germain, Jean Lesage curé de Cuissé, lequel se maria et est mort Ministre. A Alençon Jacques Collet Prêtre encore à present vivant, ancien, Marin Marchandeau Dusaillant, Jacques Legendre, Gaguete et plusieurs autres.

Pendant ce temps Maître Guillaume Joüenne sieur de Glatigny Pere de Monsieur de Lanchal et Clement Joüenne défendoient l'Eglise de Saint Leonard d'Alençon, et y alloient coucher accompagnez de plusieurs hommes, et faisoient dire la Messe chez eux, où assistoient quelques uns catholiquss dont ils estoient assurez, et ne purent empêcher que l'Eglise de Saint Leonard ne fust rompuë et volée.

Fut l'Eglise de Nôtre-Dame d'Alençon pillée et volée, les Images abattuées et brûlées, mises en monceau au milieu d'icelle, pendirent l'Image de Saint Claude à une goutiere sur le pont du Guichet.

L'Image de Saint Sauveur estant sur le Portail de ladite Eglise (31) fut abatuë par Henri Rablin, laquelle tombant lui rompit les jambes, dont il demeura depuis impotent.

Les Eglises des Villages furent volées et sortoient tous les jours sur le soir à portes fermantes lesdits Huguenotz, conduits par le susd. Bidard Ministre avec plusieurs jeunes gens qu'il débaucha de la Ville, et s'en revenoient le lendemain au point du jour, dont se meut grand scandale.

Débaucherent un Cordelier nommé Frere André, et l'envoierent à Genéve pour étudier, et quelques temps après le renvoierent querir et en recriverent à Calvin, qui pour-lors estoit audit Genéve, lequel fit réponse que le Frere Cordelier s'en estoit allé en Almagne, et que la poche en sentiroit toûjours le haran, Noel Bahuet pour-lors encien en garde encore la Lettre.

David Gregoire avec un fuüet chassoit les gens hors de l'Eglise, et disoit qu'il foüetoit la Messe.

Catherine Gervaiseau femme de Jean Erard Houssemaine prêchoit au commencement à saint Blaise, et depuis au jardin Rigereau, après dans le parc au lieu appelé l'Aumône (32).

Susanne Gervaiseau femme de Pierre Bonvoust, lorsque lesdites Religieuses furent mises hors dudit Monastère avoit pris l'une d'icelles et l'avoit menée chez elle, et estoit troublée ladite Religieuse, laquelle la contraignit de la mettre dehors, dépava et brisa tout chez elle avant que d'en sortir.

Mais si l'on demande la cause de lalienation d'esprit où estoit reduite pour-lors cette pauvre Religieuse, l'on ne sera pas surpris de l'action qu'elle fit chez cette femme heretique, puis qu'aparamment il y avoit plusieurs jours passez que cette bonne fille n'avoit pris aucune nourriture, à joindre le mauvais traitement et les violances que ces Impies Huguenotz lui avoient fait soûfrir lors qu'elle fut misehor de force avec les autres du Monastere, comme aussi le chagrin qu'elle soûfroit dans son intérieur de se voir chassée hors le lieu de sa retraite où elle avoit promis à Dieu de n'en sortir jamais, en servant son Dieu dans la paix et dans la tranquilité de son cœur, et aussi la crainte dont elle estoit saisie d'estre exposée dans le Siecle et de n'entrer jamais dans son Monastere.

Il est particulierement à remarquer qu'aprés que les Huguenotz de la ville d'Alençon eurent pillé et vollé les Eglises de ladite Ville, que le jour de la Fête-Dieu survint quelque temps aprés le pillage, et que le Curé de Nôtre-Dame dudit Alençon s'estoit caché et n'osoit se montrer ny aller à l'Eglise pour faire la Procession suivant l'ancienne coûtume de l'Eglise, de sorte que l'Eglise de Nôtre-Dame d'Alençon demeura fermée pour la crainte desdits Huguenotz, et ne fut fait aucune Procession dans le détroit de Nôtre-Dame.

Mais à l'égard du Vicaire de Saint Leonard Messire Robert Collet, quoiqu'il se fust aussi caché neantmoins il fit paroistre le zele qu'il avoit pour la gloire de Dieu, le maintien de son Eglise et le salut de ses Oüailles. Car il fit assembler en diligence et secretement le jour de la susdite Fête-Dieu tous les Habitans et Paroissiens du détroit de Saint Leonard marqué par la Riviere de Briante, et les exhorta de vouloir bien l'accompagner à la Procession qu'il alloit faire pour la gloire de Dieu et pour faire comme une amende honorable et une reparation publique au Corps du Fils de Dieu contenu dans ce Saint Sacrement de l'Autel, lequel avoit esté profané depuis peu par les mains impies et sacrileges des Heretiques.

De sorte que ces fidelles Catholiques et Paroissiens de Saint Leonard d'Alençon se montrerent genereux en cette occasion, et promirent au sieur Vicaire dudit Saint Leonard de ne le point abandonner, et qu'ils exposeroient volontiers leur vie pour Dieu et le soûtien de son Eglise, et particulierement tous les Bouchers (33), lesquels marcherent les premiers en Procession armez de leurs Haches et Couperets, avec autres ferremens sur leurs Epaules, affin de se deffendre des insultes et des insolences, que lesdits Huguenotz eussent pû faire en telle occasion.

De sorte que la Procession fut faite et le Saint Sacrement porté en icelle, et fut le Service divin celebré ce jour là dans l'Eglise de Saint Leonard d'Alençon à la vûe des susdits Huguenotz, qui ne firent aucune opposition. Et c'est en consequence de cette ceremonie genereusement faite par ledit Vicaire de Saint Leonard et ses Paroissiens, qu'ils ont ce Droit et ce Privilege de faire tous les ans leur Procession particuliére et paroissiale le jour de la Fête-Dieu, avant que de se joindre à la Procession generale du d'étroit de Nôtre-Dame.

J'ay crû que ce n'estoit point assé d'avoir fait considérer les grands biens et les grands avantages que possedoit autre fois l'Eglise de Saint Leonard d'Alençon, si Je ne donnois aussi connaissance au Public du Clergé nombreux qui servoit Dieu dans cette Eglise, comme aussi du Service divin qui estoit celebré solennellement dans cette même Eglise chaque iour de Dimanche et Fêtes de l'année de temps immemorial avant l'Heresie.

Il faut remarquer qu'avant les troubles de l'Heresie de Calvin il y avoit grand nombre d'Ecclesiastiques habitués dans l'Eglise de Saint Leonard d'Alençon, en tous les ordres. Entre lesquels Ecclésiastiques il y en avoit quatorze des plus considérables qui se nommoient les Frères de la Confrérie de Toussaints, lesquels tenoient le premier rang dans cette Egiise, parce qu'oûtre leur suffisance, ils maintenoient et entretenoient l'ordre du Plainchant, et l'enseignoient même aux jeunes Clercs, de sorte que par une ancienne tradition les susdits Confreres de Toussaints ont toûioûrs entretenu cette Maîtrise d'enseigner le Plain-chant et la Musique iusqu'apresent. Et à l'égard de l'Ofice divin les susdits Confreres de Toussaints estoient fort assidus et ponctuels au Service divin, chantant tous les iours de l'année la Messe haute, les Dimanches et les Fêtes ils se rendoient de grand matin pour chanter les Matines et Laudes coniointement avec le sieur Vicaire d'icelle Eglise, et ausquels Offices des ieunes Clercs ne manquoient pas de se trouver pour leur instruction, et à l'égard des Fêtes solennelles tout ce fervent Clergé aioûtoit aussi lés Heures canoniales.

Et comme la fête du tres-Saint Sacrement de l'Autel est une des plus considérables de l'année, ces saints Prêtres redoublans leurs ferveurs recitoient pendant tous les iours de l'octave d'icelle Fête tout l'Office canonial, la Messe solennelle, Vêpres et le Salut. Laquelle pratique s'est conservée iusqu'à nos iours dans ladite Eglise de Saint Leonard, ce qui est notoire à tout le peuple de la ville d'Alençon, et ces divins Offices n'avoient iamais cessé ny esté interrompus que pendant les troubles de l'Heresie, ce qui arriva en l'année mil cinq cens soixante, comme il a esté remarqué aillieurs, sous le Vicariat de Messire Robert Collet pour lors Vicaire à Saint Leonard d'Alençon, et ces troubles cessés et la paix donnée à l'Eglise, toutes les coûtumes anciennes de l'Eglise de Saint Leonard d'Alençon furent retablies comme au paravant à la diligence des susdits Confres de Toussaints, et fut retabli particulierement le Service divin paroissial avec les Matines des Dimanches et des Fêtes, et avec nombre de Clercs pour le service de l'Eglise.

Et parce que les Fons-Baptismaux qui furent démolis par les Huguenotz ne furent point retablis dans l'Eglise de Saint Leonard pour quelques raisons de police, neantmoins le sieur Vicaire de la susdite Eglise de St Leonard d'Alençon a touiours continué de faire la bénédiction de l'Eau-baptismale les deux Samedis de Pâques et de la Pentecôte, et ce qu'il n'a point cessé de pratiquer iusqu'à present pour la distribuer au peuple du détroit d'icelle Eglise de Saint Leonard pour leurs necessitez spirituelles dans leurs maisons.

Mais enfin pendant que toutes ces choses se faisoient

dans ladite Eglise de Saint Leonard d'Alençon dans la
paix et dans la tranquilité et sans aucune contestation.
Est arrivé depuis quatre ans en ça le sieur Pierre Chenart Prêtre, lequel se voiant pourveu du benefice de la
Cure de Nôtre-Damé d'Alençon a esté assé osé, que
d'attenter à la détruction de tout ce bel ordre ci-dessus
marqué dans l'Eglise de Saint Léonard, comme aussi à
l'expulsion du Clergé de ladite Eglise particulierement
des ieunes Ecclésiastiques, qui estoient elevez et instruits
dans ce st lieu, et en consequence a fait cesser le Service divin des Matines et Laudes qui se chantoient solennellement les Dimanches, et les Fêtes dans ladite Eglise de
Saint-Léonard, fait cesser aussi l'Office canonial pendant
les octaves de la fête du Saint-Sacrement de l'Autel, ce
qu'il a pareillement fait cesser dans les l'Eglise de Nôtre-
Dame d'Alençon, dont il est arrivé grand scandale dans
lad. ville d'Alençon.

Il a aussi retiré les peuples du détroit de ladite Eglise
de Saint Leonard par un attentat à l'authorité Roiale et
une entreprise formelle sur la jvridiction seculiere : Surpris du feu Seigneur Evêque de Sées, ou en tout cas de
son Official une Sentence abusive par laquelle il reserre
le détroit dudit Saint Leonard d'Alençon, et par ce moien
a changé les Sepultures des Peuples et Paroissiens du
détroit dudit St Leonard en les retirant du lieu
ancien de leurs Ancestres, et en les contraignaut de
faire des Testamens par devant Notaires, sans raison.

Auquel attentat à l'Eglise de St Leonard d'Alençon
iamais aucuns des Curés de Nôtre-Dame d'Alençon n'a-
voit pensé, mais bien au contraire tous les sieurs Curés

devanciers dudit sieur Chenart avoient toûiours maintenu
les anciennes coûtumes d'icelle Eglise de Saint Leonard,
avec le Service paroissial sans y rien changer, auquel
Service divin lesdits sieurs Curés de Nôtre-Dame assistoient quelquefois, loüans et admirans la ferveur, la devotion et la diligence avec laquelle ce pieux Clergé de
l'Eglise de Saint Leonard s'acquitoit de ce devoir, et
la plus part des personnes de pieté faisant violence à
leur sommeil ne manquoient pas d'assister aux Matines
à l'exemple de ces saints Ecclésiastiques.

Mais depuis que le sieur Chenart a fait cesser les di-
vines loüanges dans cette Eglise de Saint Leonard, comme
aussi à Nôtre-Dame (34), le peuple d'Alençon a esté si
scandalisé de cette action, qu'on ne regarde led. sieur Chenart qu'avec chagrin et mépris, et il est véritable de dire
que le susdit sieur Chenart a verifié par cette conduite
dans sa personne les paroles de ces hommes dont parle
le Prophète Roy.

Ils ont tous dit en leur cœur faisons cesser les
loüanges de Dieu sur la terre pendant tous les iours
consacrez à Dieu. *Pseaume* 73, *v.* 9.

Dixerunt in corde suo cognitio eorum simul.

Quiescere faciamus omnes dies festos Dei a terrâ.

Mais enfin si l'on examine de prés l'aversion que ledit
sieur Chenart a conçûe contre l'Eglise Saint Leonard
d'Alençon sans raison, l'on ne sera pas surpris de l'action qui fut commise par son ordre quelques iours avant
la fête de la Pentecôte derniere mil six cens quatre vint
quatre dans la susdite Eglise de St Leonard par un
Ecclésiastique de l'Eglise de Nôtre d'Alençon envoyé de

lui, lequel fut assé osé et témairaire que de prendre,
rompre et emporter le grand Cierge benit et paschal
affin d'empêcher par ce moien que l'Eau baptismale fut
beniste le Samedi suivant l'ancienne coûtume de l'Eglise
de Saint Leonard d'Alençon. Laquelle action causa un si
grand scandale parmi le peuple assemblé dans l'Eglise le
samedi au matin de la Pentecôte qui attendoit la ceremonie de la benediction de l'eau preparée avec leurs
vaisseaux dans leurs mains pour emporter de cette eau
dans leurs maisons suivant la coûtume, que chacun com-
mença à murmurer, et à demander raison pourquoi ledit
sieur Chenart s'opposoit à cette sainte ceremonie, et
depuis ce tems la le peuple ne regarde ledit sieur Chenart qu'avec indignation.

Il reste une infinité de choses memorables arrivées
dans la ville d'Alençon, et dont je n'ai pu recouvrer les
memoires ; c'est pourquoi, je me suis contenté de tra-
vailler sur quelques fragments de titres anciens, qui me
sont tombés entre les mains, et dont j'ai composé ce recueil historique, que j'ai jugé à propos de donner au
public, pour satisfaire non-seulement la curiosité des
personnes qui aiment la vérité, mais aussi pour la consolation de ceux qui haïssent le trouble, qui aiment la paix,
qui la désirent, et qui la cherchent de tout leur cœur,
suivant l'avis que donne le prophete par ces paroles.

Détournez-vous du mal, et faites le bien.

Cherchez la paix, et poursuivez la.

*Diverte a malo, et fac bonum, inquire pacem, et perse-
quere eam. Psalm. 33, v. 14.*

FIN.

NOTES

(1) Tous ces détails sont, sinon apocryphes, du moins fort suspects. Il est vrai qu'un ancien livre, que les Religieux qualifiaient de Cartulaire, quoiqu'il ne fût revêtu d'aucune autorité, et qui se trouvait dans le chartrier de l'Abbaye de Lonlai, indiquait qu'en 1150 il y aurait eu à Alençon deux églises possédées par Gérard et Raoul, qui étaient apparemment deux prêtres séculiers, et que ces deux églises auraient été données à l'Abbaye et aux moines de Lonlai pour n'en prendre possession qu'à la mort de Gérard et de Raoul. Cette donation aurait été faite par Froger, évêque de Seès, en 1158. (BÉLARD, *Inventaire*, mss, p. 1; — L. DE LA SICOTIÈRE, *Rapport sur l'Abbaye de Lonlai*, dans les *Mémoires de la Société des Antiquaires de Normandie*, 2e série, t. XII, et *Orne Archéologique et Pittoresque*, p. 44 et suiv.). Mais la version de Lorphelin qui antidate les faits de plus d'un demi siècle, ne repose sur aucune autorité, ainsi que l'avait déjà remarqué O. Desnos (*Mémoires Historiques sur Alençon*, 2e édit., t. 1, p. 100). Il est même certain, d'après les anciens aveux, que le Prieuré d'Alençon avait été fondé par les seigneurs de Larré et non par les Religieux de Lonlai (L. D. L. S.).

(2) Alix, héritière de Larré, avait porté cette terre, en mariage, aux d'Aché (O. DESNOS, p. 102; — L. DE LA SICOTIÈRE, *Rapport sur l'Abbaye de Lonlai*). (L. D. L. S.).

(3) Erreur. La cure d'Alençon paraît au contraire n'avoir jamais été desservie par les Religieux de Lonlai; elle le fut par les Jacobins d'Argentan et par des Cordeliers (BÉLARD, p. 2; — L. DE LA SICOTIÈRE, *Rapport sur l'Abbaye de Lonlai*.) (L. D. L. S.).

(4) Un fragment d'une ancienne Histoire de l'Abbaye de Perseigne qu'O. Desnos avait vu dans le chartrier, rapportait que Guillaume Talvas, fondateur de l'Abbaye de Lonlai, voulant avoir auprès de lui des Religieux de cette communauté, leur donna une de ses maisons dans la ville d'Alençon et leur fit bâtir une église dédiée à Saint-Leu et à Saint-Gilles (p. 101). Jean Brière, bourgeois d'Alençon, dans son

en mettre deux plus propres. Ces pierres sont encore au bas de l'église. » Il n'y a rien de commun entre cette découverte et celle dont parle Lorphelin (L. D. L. S.).

(18) Le conflit qui s'engagea au sujet de cette bénédiction de l'eau et du cierge Pascal, et qui donna lieu à la publication du *Factum* de Lorphelin, ne se termina que par une Ordonnance de l'Evêque, de 1715, ainsi conçue : « Nous disons que n'ayant pas trouvé dans ladite église de fonts baptismaux, il ne sera rien innové à cet égard, et voulant donner aux peuples de cette église un témoignage de notre bonté paternelle, et satisfaire à l'extrême désir qu'ils nous ont marqué de voir restablir l'usage dans le quel ils estoient que la bénédiction de l'eau fût faite le samedi de Pasques et Pentecoste, nous avons cru devoir accorder cette consolation aux peuples de cette église, sans que néanmoins ladite bénédiction puisse jamais et sous quelque prétexte que ce soit, estre regardée comme la bénédiction solennelle qui se fait dans les églises paroissiales et dans celles où il y a des fonts baptismaux. » Le curé consulta à Rouen un avocat versé en ces matières qui lui répondit qu'en l'absence de fonts baptismaux, l'évêque ne pouvait régulièrement accorder une pareille permission. Toutefois l'Ordonnance continua de s'exécuter. (BÉLARD, *Inventaire*, p. 125). (L. D. L. S.).

(19) Cette paille servait aux fidèles pour se coucher pendant les offices de nuit. (BÉLARD, *Inventaire*). Il n'y avait alors dans les églises ni bancs ni chaises (DEGONDE, *Dictionnaire du culte catholique*, Vᵒ BANC). (L. D. L. S.).

(20) La réforme avait déjà fait quelques efforts pour s'introduire dans le diocèse de Seès, dès 1524 (L. D. L. S.).

(21) La célèbre Marguerite de Navarre. C'est surtout pendant son premier mariage (1509 - 1525), qu'elle habita Alençon. Pendant sa seconde union avec Henri d'Albret, jusqu'à sa mort (1527-1549), elle continua d'y faire de fréquentes visites. (L. DE LA SICOTIÈRE, *La Cour de la Reine de Navarre à Alençon*, dans les *Mémoires de la Société des Antiquaires de Normandie*, 2ᵉ série, t. XIII). (L. D. L. S.).

(22) C'est en 1536 que Calvin se retira à Genève (L. D. L. S.).

(23) Il est certain que les protestants détruisirent beaucoup de titres et pièces ; un plus grand nombre fut soustrait par les débiteurs de rentes, croyant ainsi s'en affranchir. (*Procès-verbal* du 11 octobre 1568 dans l'*Inventaire des titres du chartrier de la Cathédrale de Seès*, mss., à la Bibliothèque d'Alençon ; — *Orne Pittoresque*, p. 6). Les minutes

de quelques-uns des notariats d'Alençon, bien antérieures au pillage de 1562, existent encore dans l'étude de M⁰ Mariette, notaire en cette ville. (L. D. L. S.).

(24) Notamment par *Jouenne*, seigneur de Glatigny, dont il sera question plus bas. (o. DESNOS, 1ʳᵉ édit., t. II, p. 557). (L D. L. S.).

(25) L'Arrêt du Conseil qui enleva définitivement aux protestants les offices de notaires, procureurs, etc., est du 28 juin 1681. (ELIE BENOIT, *Histoire de l'Edit de Nantes*, III, p. 429). (L. D. L. S.)

(26) Ce *récit* a été transcrit, mais de la façon la plus grossière, par Jean Brière dans son *Journal* cité à la note 4ᵉ. J'en ai vu d'autres copies manuscrites qui prouvent tout l'intérêt qu'on y attachait à Alençon. L'abbé Gautier, *Histoire d'Alençon*, p. 156 et 157, en a cité quelques fragments d'après l'*Antiquaire*. (L. D. L. S.).

(27) Quelques uns de ces noms existent encore dans notre ville ; mais aucun n'a précisément marqué dans l'Histoire du protestantisme alençonnais. (L. D. L. S.).

(28) Le couvent des *Filles Sainte-Claire* était situé à l'endroit où se trouve aujourd'hui la maison de Mᵐᵉ Masson. La cour occupait à peu près l'espace qu'occupe son jardin anglais, et la porte d'entrée ouvrait sur la petite rue, alors fermée par des *portes ou grilles à ses deux extrémités*, qui allait de celle du Château à celle des Filles-Notre-Dame. (L. D. L. S.).

(29) L'ancien château d'Aché, sur le bord de la route de Paris, a été détruit depuis longtemps, et celui qui l'avait remplacé au dernier siècle vient lui-même d'être entièrement rebâti. (L. D. L. S.).

(50) Ce La Motte Tibergeau avait le grade de mestre de camp (PESCHE, *Précis historique sur le Maine*, p. CLXXIV). Le Seigneur d'Avoines était Georges d'Argenson. (L. D. L. S.).

(51) C'est probablement à ces scènes sacriléges que se rattache la tradition populaire d'après laquelle l'image de Saint-Jean qui se trouve dans l'arcade supérieur du portail, se serait retournée dans un mouvement d'indignation, et depuis lors seulement présenterait le dos à la rue. La vérité est quelle a toujours été placée dans sa situation actuelle. (*Orne Pittoresque*, p. 294 ; — o. DESNOS, 2ᵉ édit. p. 109). (L. D. L. S.).

(52) Je ne connais pas l'emplacement exact de ces deux prêches. (L. D. L. S.).

(33) La plupart des bouchers avaient leurs abattoirs autour du cimetière, aujourd'hui la place Saint-Léonard. (L. D. L. S.).

(34) Bélard (*Inventaire*, p. 20) nous apprend que le curé Chénart supprima les matines dans les deux églises parce qu'il ne s'y trouvait que quelques clercs, et que souvent il était obligé de les chanter seul avec son sacriste. Il ajoute toutefois qu'on ne sait de quelle autorité l a fait cette suppression. Déjà une difficulté s'était élevée en 1655 entre le curé de Notre-Dame et les prêtres habitués de son église qui, n'ayant pas de rétribution, se prétendaient dispensés d'assister aux matines. (L. D. L. S.).